Holt Spanish 1A

Cuaderno de actividades

HOLT, RINEHART AND WINSTON
A Harcourt Education Company
Orlando • **Austin** • New York • San Diego • Toronto • London

Reviewer
Mayanne Wright

Copyright © by Holt, Rinehart and Winston

All rights reserved. No part of this publication may be reproduced or transmitted in any form or by any means, electronic or mechanical, including photocopy, recording, or any information storage and retrieval system, without permission in writing from the publisher.

Requests for permission to make copies of any part of the work should be mailed to the following address: Permissions Department, Holt, Rinehart and Winston, 10801 N. MoPac Expressway, Building 3, Austin, Texas 78759.

¡EXPRÉSATE!, HOLT, and the Owl Design are trademarks licensed to Holt, Rinehart and Winston, registered in the United States of America and/or other jurisdictions.

Printed in the United States of America

ISBN 0-03-074369-9

2 3 4 5 6   170   06 05

Table of Contents

Capítulo 1
Vocabulario 1/Gramática 1 1
Cultura 4
Vocabulario 2/Gramática 2 5
Leamos 8
Integración 9

Capítulo 2
Vocabulario 1/Gramática 1 11
Cultura 14
Vocabulario 2/Gramática 2 15
Leamos 18
Integración 19

Capítulo 3
Vocabulario 1/Gramática 1 21
Cultura 24
Vocabulario 2/Gramática 2 25
Leamos....................... 28
Integración 29

Capítulo 4
Vocabulario 1/Gramática 1 31
Cultura 34
Vocabulario 2/Gramática 2 35
Leamos....................... 36
Integración 39

Capítulo 5
Vocabulario 1/Gramática 1 41
Cultura 44
Vocabulario 2/Gramática 2 45
Leamos....................... 48
Integración 49

¡Invéntate! Activities
Capítulo 1 52
Capítulo 2 54
Capítulo 3 56
Capítulo 4 58
Capítulo 5 60

Nombre _____ Clase _____ Fecha _____

¡Empecemos!

CAPÍTULO 1

VOCABULARIO 1/GRAMÁTICA 1

1 Trisha is talking to a new student at school. Match each thing that Trisha says (in the left column) with an appropriate response (in the right column). Use each response only once.

____ 1. Me llamo Trisha.
____ 2. ¿Cómo te llamas?
____ 3. ¿Cómo estás?
____ 4. ¿De dónde eres?
____ 5. ¿Quién es él?
____ 6. Hasta luego.

a. Nos vemos.
b. Soy de México.
c. Él es mi profesor de español.
d. Mucho gusto.
e. Estoy bien, gracias.
f. Me llamo Rosario.

2 Unscramble the following words to make sentences. Be sure to add punctuation and capitalize words when appropriate.

MODELO compañera / Alisha / de clase / es una
   Alisha es una compañera de clase.

1. es / ésta / la señorita White _____
2. señor / días / buenos _____
3. es / la muchacha / quién _____
4. un amigo / es / él / Chile / de _____
5. estudiante / es / Gregorio _____

3 Write an additional sentence about each of the following people, using the information given in parentheses. Use the correct subject pronoun to replace the person's name.

MODELO Éste es Ricardo. (estudiante)
   Él es estudiante.

1. Ésta es Lucía. (mi amiga)
   _____

2. Éste es Marcos. (un compañero de clase)
   _____

3. Ésta es Mirta. (de Cuba)
   _____

4. Éste es el señor Sosa. (mi profesor de ciencias)
   _____

Holt Spanish 1A   Cuaderno de actividades

VOCABULARIO 1/GRAMÁTICA 1

CAPÍTULO 1

4 Complete the following conversations by providing the missing questions or sentences.

Señor Ricci (1) _____
Señora Flores Me llamo Carmen Flores.

Señora Sol Hola, Camilo. (2) _____
Camilo Estoy bien.

Olga Éste es Jorge.
Jorge Encantado.
Pablo (3) _____

Amber Buenas tardes, señora Ríos. (4) _____
Señora Ríos Estoy bien, gracias. ¿Y tú?

Grace (5) _____
Whitney Ella es mi mejor amiga.

Elena (6) _____
Tomás Me llamo Tomás.

Elena (7) _____
Tomás Ella se llama Lourdes.

5 Look at the drawing that goes with each sentence and tell whether the sentence is **cierto** *(true)* or **falso** *(false)*. The first one has been done for you.

1. Estoy regular.   2. Estoy más o menos.   3. Estoy bien.   4. Estoy mal.
   cierto

Nombre _____ Clase _____ Fecha _____

CAPÍTULO 1

VOCABULARIO 1/GRAMÁTICA 1

6 John is introducing himself and his friend Pedro to their teacher on the first day of school. Complete their conversation by filling in the missing phrases.

John Buenos días, señor Amal. Me llamo (1) _____

Señor Amal (2) _____

John Igualmente. (3) _____

Señor Amal ¿Cómo estás, Pedro?

Pedro (4) _____

Señor Amal (5) _____

7 Mauro is answering Mr. Garza's questions about some of the people at school. Provide Mauro's responses, using the appropriate subject pronouns.

MODELO ¿De dónde es Maribel? (Argentina) **Ella es de Argentina.**

1. ¿Quién es la muchacha? (María) _____

2. ¿Quién es el muchacho? (Chepe) _____

3. ¿Cómo se llama la muchacha? (Gina) _____

4. ¿De dónde es usted? (México) _____

8 Solve the following crossword puzzle by writing the Spanish pronouns you would use to replace the names and pronouns. The first one has been done for you.

HORIZONTAL

3. Carlos y Yolanda
5. Laura y Jessica
6. Marisol, Juan y tú *(in Spain)*

VERTICAL

1. Rodney
2. Mary, Leroy y tú
3. mi amiga Juana
4. Roberto y yo

Holt Spanish 1A   Cuaderno de actividades

Nombre _____ Clase _____ Fecha _____

¡Empecemos!

CAPÍTULO 1
CULTURA

9 Imagine that you are going to Spain on vacation. Answer the following questions.

1. Where would you go to see large buildings and monuments?
   _____

2. Where would you go to enjoy a typical **feria**? _____

3. Spain is surrounded by water on three sides. If you were on the western coast, what ocean could you swim in? _____

4. What is a Spanish dish made of eggs, onions, and potatoes?
   _____

5. In the book **Don Quijote de la Mancha,** what does the hero mistake for giants?
   _____

6. If you traveled north from Spain and crossed the Pyrenees, what country would you find yourself in? _____

10 If you were touring Spain with someone interested in architecture, what places would you visit and why? Write a mini-essay in English. Be sure to name at least three places.

_____
_____
_____
_____
_____
_____

11 Spanish-speaking people have different ways of addressing each other. State whether the following statements are **cierto** (true) or **falso** (false).

_____ 1. A teenager would probably address his young friend **Rosa** as **doña Rosa**.

_____ 2. Someone nicknamed **Jorgito** probably has the formal name of **Jorge**.

_____ 3. **Señor Cristancho** could be called **don Cristancho**.

_____ 4. **Señora Acelas** and **doña Carmen** could be the same person.

_____ 5. A nickname for **Santiago** would be **Santi**.

Holt Spanish 1A   Cuaderno de actividades

Nombre _____ Clase _____ Fecha _____

CAPÍTULO 1

¡Empecemos!

VOCABULARIO 2/GRAMÁTICA 2

12 Write a question for each of the following answers.

MODELO Es el veinte de septiembre. **¿Qué fecha es hoy?**

1. Es dos-veintitrés-cero-cuatro-quince. _____
2. Se escribe ene-o-che-e. _____
3. Es Klaus5@car.net. _____
4. Es el dos de octubre. _____
5. Hoy es domingo. _____
6. Es medianoche. _____

13 After each group of words, write the word that doesn't belong in that group.

MODELO primavera   verano   miércoles   **miércoles**

1. viernes   junio   jueves   _____
2. sábado   septiembre   diciembre   _____
3. marzo   verano   noviembre   _____
4. febrero   agosto   domingo   _____
5. invierno   abril   otoño   _____
6. martes   lunes   primavera   _____

14 Write sentences in Spanish to tell what the following dates are.

MODELO U.S. Independence Day **Es el cuatro de julio.**

1. New Year's Day _____
2. Your birthday _____
3. Today's date _____
4. April Fool's Day _____
5. Valentine's Day _____

15 Your study-group pals are giving you their phone numbers so you can make a contact list. Write the telephone numbers they give you in numerals.

MODELO cinco-veintiocho-veinte-trece **5-28-20-13**

1. siete-treinta y uno-veintitrés-treinta _____
2. ocho-dos-seis-uno-ocho-uno-cinco _____
3. cuatro-veintinueve-once-veintiuno _____
4. seis-dos-cinco-uno-cuatro-cero-tres _____

Holt Spanish 1A   Cuaderno de actividades

VOCABULARIO 2/GRAMÁTICA 2

CAPÍTULO 1

16 Look at the following illustrations and write in Spanish what time is displayed on each watch. Write in complete sentences and don't forget to include time of day when appropriate.

MODELO Son las seis de la mañana.

1. _____ 1. 1:00 PM
2. _____ 2. 10:15 PM
3. _____ 3. 7:30 AM
4. _____ 4. 2:50 PM
5. _____ 5. 12:00 PM

17 Use correct forms of **ser** to complete Elena's e-mail about the Spanish Conversation Club.

Hola, Alberto. Yo (1)_____ Elena Belos. En el club de español nosotros (2)_____ siete estudiantes. Edgar y Chico (3)_____ de Colombia. Mi amiga Lucía (4)_____ de Puerto Rico. Tú (5)_____ de Bolivia, ¿no? Los muchachos (6)_____ de 8° grado (eighth grade). Las muchachas y yo (7)_____ de 7° grado (seventh grade).

18 Spell out each item below using the names of Spanish letters.

1. your teacher's name _____
2. your favorite singer's name _____
3. the city or town where you live _____

19 When you printed your Spanish homework, the font was converted to all capitals and the punctuation disappeared. Rewrite the same sentences in capitals and lowercase letters using the correct punctuation, accents, and tildes.

1. QUIEN ES EL _____
2. QUE DIA ES HOY _____
3. COMO SE ESCRIBE SENOR _____
4. QUE TAL _____
5. HASTA LUEGO _____

Holt Spanish 1A — Cuaderno de actividades

Nombre _____ Clase _____ Fecha _____

CAPÍTULO 1

VOCABULARIO 2/GRAMÁTICA 2

20 Write a brief note about yourself. Give the date and time; then state your name, where you are from, your telephone number, and your e-mail address. Be sure to use complete sentences.

_____
_____
_____
_____
_____
_____

21 Solve the following crossword puzzle by writing the Spanish words that are described in the clues below. Fill in the puzzle with unaccented capital letters.

HORIZONTAL

6. A word a man might use when introduced to someone
8. 12:00 noon
9. Number of fingers on one hand
10. The last day of class before the weekend
11. Nighttime
12. The day that comes after Wednesday

VERTICAL

1. The last month of the year
2. Singular form of *you*, formal
3. 12:00 midnight
4. In this month, Mother's Day is celebrated in the U.S.
5. *Goodbye*
7. Number of months in a year

Holt Spanish 1A   Cuaderno de actividades

¡Empecemos!

CAPÍTULO 1
LEAMOS

22 The students in Mrs. Acevedo's Spanish class have recently started corresponding with students from a school in Spain as a class project. Read Óscar's introduction of himself and answer the questions that follow in English.

> Lunes, el 25 de agosto
>
> ¡Hola!
>
> ¿Cómo estás? Me llamo Óscar y *(and)* soy de San Antonio, Texas. Soy estudiante de español. Mi profesora se llama Carmen Acevedo y es de Madrid. Somos treinta estudiantes en la clase. Dos muchachas son de Corea y un muchacho es de Vietnam. Hay *(There are)* dos muchachas de Europa. Una es de Francia y una es de Portugal. Pablo, mi mejor amigo, también *(also)* es estudiante de español. Él es de California. Otro compañero es Esteban, un muchacho de Alaska. Somos amigos de diferentes culturas. Mi correo electrónico es oscar@mail.net.
>
> Son las cinco menos cinco de la tarde. Tengo que irme.
>
> ¡Hasta luego!
> Óscar

1. What day does Óscar send his letter?

2. How many students in the class come from foreign countries?

3. What countries are the European students from?

4. Who is Óscar's best friend?

5. Why does Óscar think his Spanish class is interesting?

6. What time is it when Óscar finishes his letter?

Holt Spanish 1A   Cuaderno de actividades

Nombre _____ Clase _____ Fecha _____

¡Empecemos!

CAPÍTULO 1

INTEGRACIÓN

23 Below are several short conversations. Indicate the correct order for each set of sentences by numbering them. The first one has been done for you.

1. __3__ Igualmente.
   __2__ Encantada.
   __1__ Ella es mi mejor amiga.

2. ____ Tengo que irme.
   ____ Son las cinco menos cuarto.
   ____ ¿Qué hora es?
   ____ Hasta pronto.

3. ____ Estoy bien, gracias. ¿Y tú?
   ____ Hola. ¿Cómo estás?
   ____ Estoy regular.

4. ____ Soy de Panamá.
   ____ Me llamo Alan. Encantado.
   ____ ¿De dónde eres?
   ____ Hola. Soy Jacinta. ¿Cómo te llamas?

24 Choose the logical response for each of the following questions. Write the letter of your answer on the line provided.

____ 1. ¿Quién es él?
   a. Es mi amigo Juan.   **b.** Es de Puerto Rico.   **c.** Es la una de la tarde.

____ 2. ¿Cómo te llamas?
   a. Te llamas Adriana.   **b.** Soy Laura.   **c.** Es Tina.

____ 3. ¿Qué fecha es hoy?
   a. Hoy es martes.   **b.** Es treinta y uno.   **c.** Es el cinco de abril.

____ 4. ¿De dónde es Eva?
   a. Sois de España.   **b.** Es de México.   **c.** Eres de Ecuador.

____ 5. ¿Qué hora es?
   a. Es mediodía.   **b.** Es el 2 de agosto.   **c.** Hoy es martes.

25 Write a conversation using all the expressions in the box.

| ¿Cómo…? | estudiante | ¿De dónde…? | Soy de… |
| eres | me llamo | Buenos días. | Adiós. |

_____
_____
_____
_____
_____
_____

Holt Spanish 1A   Cuaderno de actividades

Nombre _____ Clase _____ Fecha _____

INTEGRACIÓN

CAPÍTULO 1

26 Write complete sentences to tell what time you think it is in each of the following illustrations. Be sure to include the time of day (morning, afternoon, etc.) in your responses. The first one has been done for you.

1. **Es mediodía.** _____ 2. _____ 3. _____

4. _____ 5. _____

27 Write a short paragraph to your new pen pal in Peru. Introduce yourself. Then tell where you are from, your e-mail address, and who your best friend is. Also, ask your pen pal at least one question.

_____
_____
_____
_____
_____
_____
_____
_____

Holt Spanish 1A   Cuaderno de actividades

Nombre _____ Clase _____ Fecha _____

A conocernos

CAPÍTULO 2

VOCABULARIO 1/GRAMÁTICA 1

1 Darlene is asking questions about some of your classmates. Match each of her questions to a logical answer.

_____ 1. ¿Cómo es Mateo?
_____ 2. ¿Cómo sois vosotras?
_____ 3. ¿Ellas son intelectuales?
_____ 4. ¿Y tú? ¿Cómo eres?
_____ 5. ¿Cómo son Jon y Lucas?
_____ 6. ¿Cómo es Laura?

a. Son altos.
b. Es romántica.
c. Soy trabajador(a).
d. Es guapo y simpático.
e. Sí, y son bastante inteligentes.
f. Somos serias.

2 Write two sentences to describe each of the people below. The first sentence should say what the person is like, and the second should say what he or she is *not* like.

MODELO Jimmy
Jimmy es simpático. No es antipático.

1. Marcela

2. Señor Varela

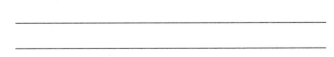

3. Linda

Holt Spanish 1A

Cuaderno de actividades

Nombre _____ Clase _____ Fecha _____

CAPÍTULO 2

VOCABULARIO 1/GRAMÁTICA 1

3 Fill in the blanks in Britney and Silvia's conversation.

Britney (1)_____

  Silvia Bruce es muy simpático.

Britney (2)_____

  Silvia No. Él es bastante extrovertido.

Britney (3)_____

  Silvia Tiene trece años.

4 María and Anita are opposites. Write a description of Anita by changing the name and substituting new adjectives for the ones numbered.

María es (1) **baja** y es (2) **morena**. También es muy (3) **extrovertida** y bastante (4) **tonta**. Ella no es (5) **antipática**. Es (6) **perezosa** pero (7) **cómica**.

_____
_____
_____
_____

5 Tyler wrote how old his family members are. Write out the ages in Spanish.

1. Mamá, 47 años _____
2. Papá, 53 años _____
3. Lourdes, 61 años _____
4. Juan, 35 años _____
5. Tío Octavio, 74 años _____
6. Abuelita, 82 años _____
7. Abuelo Rogelio, 96 años _____

6 Write the questions Luis asks for each response that Isabela gives.

MODELO Me llamo Isabela Britos. **¿Cómo te llamas?**

1. Tengo quince años. _____
2. Mi cumpleaños es el 3 de octubre. _____
3. Mi mejor amiga es Meg Ames. _____
4. Soy activa y atlética. _____
5. No. Soy bastante tímida. _____

Holt Spanish 1A   Cuaderno de actividades

Nombre _____ Clase _____ Fecha _____

CAPÍTULO 2

VOCABULARIO 1/GRAMÁTICA 1

7 Read the following paragraph that Ted wrote about his Spanish class. Then answer the questions in Spanish, using complete sentences.

Me llamo Ted y soy un estudiante de California. Tengo doce años. El señor Prieto es mi profesor de español. Él es muy inteligente. Beto y Uriel son mis amigos. Ellos son extrovertidos. Uriel es gracioso y Beto es intelectual. El cumpleaños de Beto es el trece de mayo. Él tiene trece años. Mis compañeras de clase son Lisa y Daniela. Ellas son muy activas y bonitas. Lisa es rubia y Daniela es morena.

1. ¿De dónde es Ted? _____
2. ¿Cuántos años tiene Ted? _____
3. ¿El señor Prieto es inteligente? _____
4. ¿Quiénes son los amigos de Ted? _____
5. ¿Cómo es Uriel? _____
6. ¿Cuál es el muchacho intelectual? _____
7. ¿Cuándo es el cumpleaños de Beto? _____
8. ¿Lisa es activa y morena? _____

8 Solve the following crossword puzzle by filling in the appropriate adjectives in Spanish. Use unaccented capital letters.

HORIZONTAL
1. *Foolish, silly* (boy)
5. A girl with dark hair
6. She is very shy.
7. *Handsome* (plural)
9. People who don't like to be still
10. A male basketball player needs to be like this.

VERTICAL
2. *Hard-working* (feminine)
3. *Pretty* (girl)
4. *Serious* (plural)
8. She is not very tall.

Holt Spanish 1A   Cuaderno de actividades

Nombre _____ Clase _____ Fecha _____

A conocernos

CAPÍTULO 2
CULTURA

9 People in Spanish-speaking countries have expressions for describing people according to their skin and hair color. Based on your knowledge of this aspect of culture, say whether the following statements are true or false. If a statement is false, correct it on the lines that follow.

1. Héctor Chávez has light skin and sandy-blond hair. In Puerto Rico he would probably be described as **güero**. _____

_____

2. Ximena is a brunette with olive-colored skin and black hair. Her Latin American friends might say she is **trigueña**. _____

_____

3. Mayte has dark hair and light brown skin. Her driver's license probably has the word **trigueña** or **rubia** on it. _____

_____

10 Say whether each of the following statements about Puerto Rico is **cierto** *(true)* or **falso** *(false)*.

_____ 1. In most Latin American countries, the legal voting and driving age is 16.

_____ 2. Many Latin American families enjoy TV and radio **novelas**.

_____ 3. The **Parque Nacional El Yunque** is a large amusement park.

_____ 4. **Pollo frito con tostones** is a typical Puerto Rican dish.

_____ 5. The national currency in Puerto Rico is the **U.S. dollar**.

_____ 6. **El Moreno** is the name of a famous Spanish fortress in Puerto Rico.

11 The culture of Puerto Rico is a mixture of Taino, African, and European influences. Mention two aspects of Puerto Rico's culture that show such influences.

_____
_____
_____
_____
_____
_____

Holt Spanish 1A   Cuaderno de actividades

Nombre _____ Clase _____ Fecha _____

A conocernos

CAPÍTULO 2

VOCABULARIO 2/GRAMÁTICA 2

12 The people below are expressing their feelings about certain things. Match each picture with an appropriate statement from the list on the left.

a.

b.

c.

_____ 1. ¡Es delicioso!

_____ 2. Es bastante malo.

_____ 3. ¡Es formidable!

_____ 4. Es pésimo.

_____ 5. Es muy divertido.

d.

e.

13 Choose the best noun to complete each sentence.

_____ 1. Clara es tímida. No le gustan ___.
    a. las hamburguesas   **b.** los carros   **c.** las fiestas

_____ 2. Saúl es inteligente. Le gusta mucho ___.
    a. el ajedrez   **b.** el helado   **c.** la fruta

_____ 3. Graciela es muy seria. Le gustan ___.
    a. los libros   **b.** los animales   **c.** los videojuegos

_____ 4. Felipe es bastante activo. Le gustan ___.
    a. las películas   **b.** los deportes   **c.** los libros

14 Use the following expressions to describe things that you like or don't like in complete sentences.

bastante bueno	horrible	divertido	algo interesante	fenomenal

1. _____
2. _____
3. _____
4. _____
5. _____

Holt Spanish 1A   Cuaderno de actividades

VOCABULARIO 2/GRAMÁTICA 2

CAPÍTULO 2

15 Write complete sentences telling what these people like or dislike.

MODELO Marisa / animales / no **A Marisa no le gustan los animales.**

1. Julio y Héctor / música rock / no
   _____

2. Susana / libros de misterio / no
   _____

3. Vivian y Brent / pizza / no
   _____

4. Karl / películas de terror / sí
   _____

5. Jackie / helado / sí
   _____

16 The pictures below show peoples' interests. Write the question you would ask about or to each person or group of people.

MODELO Ella **¿Le gustan los deportes?**

1. Él _____ 2. Tú _____

3. Ustedes _____ 4. Vosotros _____

Nombre _____ Clase _____ Fecha _____

CAPÍTULO 2

VOCABULARIO 2/GRAMÁTICA 2

17 Ariel loves Mexican food. Chavita prefers Italian. Jacinto only likes Chinese food, and Chucho thinks they are all just as good. What might each of them say if you suggested going for tacos?

Ariel _____

Chavita _____

Jacinto _____

Chucho _____

18 Write a sentence in Spanish to say whether you like or dislike the following things and why.

MODELO las verduras **Me gustan las verduras porque son bastante buenas.**

1. la música clásica _____

2. las fiestas de cumpleaños _____

3. los libros de terror _____

4. las películas _____

19 Write a question for each of the following answers.

MODELO Me gustan más las fiestas. **¿Te gustan más los deportes o las fiestas?**

1. Porque son divertidas. _____

2. A mí me gusta. _____

3. No, no le gustan. _____

4. Porque son fenomenales. _____

5. A Tony y a Juan les gusta. _____

20 Read the note your cousin wrote about her likes and dislikes and then write your own note below on the same topic. Include at least five sentences about yourself.

> Me gusta mucho la pizza. También me gusta el helado. Pero *(but)* no me gustan las verduras. Son pésimas. Me gustan más las frutas porque son buenas. La comida china me da igual.

_____

_____

_____

_____

Holt Spanish 1A   Cuaderno de actividades

A conocernos

CAPÍTULO 2 — LEAMOS

21 Read the following entry in Ariana's diary and then say whether each statement about it is **cierto** (true) or **falso** (false).

> Lunes, veintidós de septiembre. Peter es mi nuevo (new) compañero de clase. Él es alto, pelirrojo, atlético y divertido. Tiene catorce años y no es de Nueva York. Es de Texas. A Peter le gustan las películas de misterio y le gusta bailar (to dance) salsa. También le gustan las fiestas divertidas. No le gusta la comida italiana pero le gustan mucho las hamburguesas. Peter es bastante activo. Le gustan los deportes pero no le gustan los videojuegos. No le gustan los libros de ciencia ficción porque son aburridos.

_____ 1. Peter es alto y divertido.

_____ 2. Peter es de Nueva York.

_____ 3. A Peter le gusta la música salsa.

_____ 4. Peter es un poco perezoso.

_____ 5. A Peter le gustan mucho los videojuegos.

22 Read the following invitation. Then answer the questions below in English.

> ¿Te gusta la música mexicana?
> ¿Tienes trece o catorce años?
> Ven al Club Amigos de México.
> Hay películas mexicanas y fiestas todos los sábados.
> ¡BUENA MÚSICA! ¡COMIDA MEXICANA DELICIOSA!
> ¿Cuándo? sábado a las 5:30 P.M.
> ¿Dónde? en la cafetería del Colegio Mountainview.
> ¡Nos vemos!

1. Who is making this invitation? _____

2. What ages are the members of the club? _____

3. What attraction(s) will there be at the party? _____

4. What activities does the club offer every Saturday? _____

_____

5. Where is the party going to be? _____

Holt Spanish 1A   Cuaderno de actividades

Nombre _____ Clase _____ Fecha _____

A conocernos

INTEGRACIÓN

23 Match the descriptions in the left column with the statements made by the people about themselves in the right column.

_____ 1. Éste es Francisco. Es de España. Es alto, moreno y bastante atlético. Tiene catorce años.

_____ 2. Éste es el señor Méndez. Él no es muy activo pero *(but)* es muy inteligente.

_____ 3. Éste es mi mejor amigo. Se llama Édgar. Él es muy extrovertido.

_____ 4. Ésta es Dora. Es una compañera de colegio. Ella es de Italia.

a. Soy estudiante. Me gustan mucho la pasta y la pizza.
b. No soy rubio. Me gustan mucho los deportes. ¿Os gustan los deportes también?
c. Soy profesor. Me gustan los libros y las películas, pero no me gustan los deportes.
d. No soy tímido. Me gustan las fiestas y la música salsa.

24 Write a question for each answer below.

MODELO Me llamo Carlos. **¿Cómo te llamas?**

1. Mi cumpleaños es el 17 de julio. _____

2. Hoy es el 19 de abril. _____

3. Mi correo electrónico es sandra@micolegio.com. _____

4. Sí, me gusta mucho. _____

5. Me gustan los animales porque son bonitos. _____

25 Read the following paragraph written by Milena to her pen pal. Then write five sentences about yourself.

> Hola, me llamo Milena. Tengo quince años y soy de Nueva York. Mi cumpleaños es el treinta de septiembre. Mi teléfono es cuatro-setenta y seis-noventa y uno-cincuenta. Mi correo electrónico es mile@correo.com.

_____
_____
_____
_____
_____

Holt Spanish 1A

Cuaderno de actividades

Nombre _____ Clase _____ Fecha _____

CAPÍTULO 2

INTEGRACIÓN

26 Read the following note written by an exchange student in Texas. Then answer the questions below in Spanish. Be sure to write out any numbers.

> Hoy es el 26 de diciembre. ¡El colegio en Texas es formidable! Somos veintidós estudiantes en la clase de español. Los muchachos son simpáticos y los profesores son muy inteligentes. Mi mejor amigo se llama Juan. Tiene 16 años. Es moreno y muy gracioso.

1. ¿Qué fecha es? _____
2. ¿El colegio en Texas es muy bueno? _____
3. ¿Quiénes son inteligentes? _____
4. ¿Cuántos años tiene Juan? _____
5. ¿Cómo es Juan? _____

27 You and your friends are talking with someone new. Write the correct forms of **ser** to complete the following conversation.

Marcela Hola. Ariana y yo (1)_____ de Texas. Pepe (2)_____ de México. Y tú, ¿de dónde (3)_____?

Pablo Yo (4)_____ de Puerto Rico y me llamo Pablo.

Marcela Mucho gusto, Pablo.

Ariana ¿De dónde (5)_____ tu amigo?

Pablo Él (6)_____ de Nicaragua.

Marcela ¿Qué hora (7)_____?

Ariana (8)_____ las 8:30. Tengo que irme.

28 Write a paragraph that describes your ideal friend in Spanish. Include: what your friend looks like, what his or her personality is like, his or her age and birthday, and some things that he or she likes.

_____
_____
_____
_____
_____
_____
_____
_____

Holt Spanish 1A   Cuaderno de actividades

Nombre _____ Clase _____ Fecha _____

CAPÍTULO
3

¿Qué te gusta hacer?

VOCABULARIO 1/GRAMÁTICA 1

1 Complete the conversation with the correct pronouns.

—Valentina, qué ¿(1)_____ gusta hacer?

—(2)_____ gusta leer y estudiar.

—Hans y yo vamos al cine. ¿Quieres ir con (3)_____?

—Me gusta el cine pero *(but)* no voy con (4)_____ hoy. Tengo que hacer la tarea.

—A (5)_____ no me gusta hacer la tarea por la tarde.

—¿A (6)_____ no les gusta estudiar?

—Sí, pero (7)_____ gusta más el cine.

2 There are eight names of activities hidden in the word search below. See how many you can find. One has already been found to help you get started.

```
B Á S Q U E T B O L  E P B
S T H I V I O Á J X N R É
O N A D A R M I E I J L I
C Q A P A S E A R L Q R S
A Y O T V É Í B U T Ñ A B
N G L E E R A R J F Y M O
T U S D I B U J A R L Í L
A D L Q A Z V I D F B O É
R F G J U G C O M E R V H
```

3 For each picture write a sentence saying whether you like to do that activity or not and with whom. The first one has been done for you.

1

2

3

4

1. Me gusta ir al cine con mi familia.

2. _____

3. _____

4. _____

Holt Spanish 1A   Cuaderno de actividades

Nombre _____ Clase _____ Fecha _____

CAPÍTULO 3

VOCABULARIO 1/GRAMÁTICA 1

4 Say what the people below like, based on what they want to do. Use pronouns to add emphasis and the words in the box.

| los juegos de mesa | pasar el rato solo(a) | ir de compras |
| salir | los libros | los deportes |

MODELO Manolo quiere jugar al fútbol y al tenis.
A él le gustan los deportes.

1. Usted quiere leer.
   _____

2. Tú quieres jugar al Scrabble™ y al ajedrez.
   _____

3. Melina y yo queremos ir al centro comercial.
   _____

4. Ellas quieren ir al cine y pasear.
   _____

5. Yo quiero escribir cartas y escuchar música.
   _____

5 Match each thing that Elsa says (in the left column) with the most appropriate response from Norma (in the right column). Use each response only once.

____ 1. ¿Qué quieres hacer el viernes?
____ 2. ¿Quieres alquilar videos?
____ 3. ¿Qué te gusta hacer?
____ 4. ¿Quieres patinar?
____ 5. ¿Con quién quieres patinar?

a. Quiero patinar con las amigas.
b. A mí me gusta hacer ejercicio.
c. Ni idea.
d. Está bien.
e. No, porque no me gustan las películas.

6 Use the correct form of **querer** to complete this e-mail.

Hola, ¿ustedes (1)_____ ir al cine? Rodolfo y Julián

(2)_____ ver una película de aventuras. Laura no

(3)_____ ir pero yo sí (4)_____

verla *(see it)*. Javier, ¿qué película (5)_____ ver? Después

del *(after)* cine, Julián y yo (6)_____ comer tacos. ¿Nos

vemos esta noche?

Holt Spanish 1A   Cuaderno de actividades

Nombre _____ Clase _____ Fecha _____

CAPÍTULO 3

VOCABULARIO 1/GRAMÁTICA 1

7 Leonardo likes to do the same things his friends do. Use pronouns to say with whom he wants to do each activity.

MODELO Juan quiere hacer ejercicio.
Leonardo quiere hacer ejercicio con él.

1. Tú quieres ver televisión.
_____

2. Sarita quiere hacer la tarea.
_____

3. Tú y Elsa quieren nadar.
_____

4. Ben y Edgar quieren correr.
_____

5. Yo quiero ir al centro comercial.
_____

6. Raquel y yo queremos alquilar videos.
_____

7. Óscar y Luis quieren pasear.
_____

8 Answer the following questions about yourself in complete sentences.

1. ¿Qué te gusta hacer después del colegio *(after school)*?
_____

2. ¿Te gusta montar en bicicleta?
_____

3. ¿Con quién te gusta ir al cine?
_____

4. ¿Quieres jugar al fútbol americano con tu familia?
_____

5. ¿A ti te gusta navegar por Internet?
_____

6. ¿Qué quieres hacer hoy?
_____

Holt Spanish 1A   Cuaderno de actividades

Nombre _____ Clase _____ Fecha _____

¿Qué te gusta hacer?

CAPÍTULO 3
CULTURA

9 Suppose you are attending school in a Latin American country. Answer the following questions based on what you've learned about the culture.

1. Where would you go to join a swimming team? _____

2. If you invited some Latin American friends out to dinner, who would probably pay the bill? _____

3. If you go out for dinner **"a la americana,"** who is expected to pay the bill? _____

4. If you were going out with some new friends for the first time, what would you expect them to do before going out? _____

5. What is a good way of splitting expenses evenly with your Latin American friends? _____

10 Choose the correct word to complete each sentence about Texas.

____ 1. The official state snack of Texas is ___.
   a. chicken wings   b. chips and salsa   c. pizza

____ 2. The river that separates Texas and Mexico is called the ___.
   a. Nueces   b. Sabine   c. Río Grande

____ 3. On May 5, 1862, Mexican troops defeated a(n) ___ army.
   a. French   b. Spanish   c. American

____ 4. A city famous for its Riverwalk is ___.
   a. San Antonio   b. El Paso   c. Refugio

____ 5. Luis Jiménez is a ___ who created the work *Vaquero*.
   a. composer   b. sculptor   c. painter

11 How do Mexican culture and traditions enrich the life of Texans? Write a paragraph in English that details the Mexican influence on Texas art, food, and celebrations.

_____
_____
_____
_____
_____
_____
_____

Holt Spanish 1A   Cuaderno de actividades

Nombre _____ Clase _____ Fecha _____

CAPÍTULO 3

¿Qué te gusta hacer?

VOCABULARIO 2/GRAMÁTICA 2

12 Felipe and his friends are talking about things they do on weekends. Conjugate the verbs in parentheses to complete their conversation.

1. Yo siempre _____ (descansar) los fines de semana.
2. David y yo _____ (hablar) por teléfono.
3. Tú a veces _____ (estudiar) los viernes por la tarde.
4. Ustedes _____ (practicar) deportes los domingos.
5. Dora y tú _____ (tocar) el piano los fines de semana.
6. Tu nunca _____ (patinar) los sábados.

13 Look at each of the following pictures. Then, for each one, answer the question **¿Qué tiempo hace?**

    1   2   3   4

1. _____
2. _____
3. _____
4. _____

14 Write a sentence to say where the people below go when they do each of the following things.

MODELO (Rebeca / practicar deportes)
Cuando practica deportes, Rebeca va al parque.

1. (tú / estudiar con el profesor)

   _____

2. (Saulo / trabaja)

   _____

3. (yo / estudiar con mi amigo)

   _____

Holt Spanish 1A   Cuaderno de actividades

Nombre _____ Clase _____ Fecha _____

VOCABULARIO 2/GRAMÁTICA 2

CAPÍTULO 3

15 Miguel, an exchange student from Guatemala, wants to know how young people in the United States spend their time. Write a response to each of his questions. Make sure you write how often you do each thing.

MODELO ¿Qué te gusta hacer los fines de semana?
Los fines de semana casi siempre me gusta salir.

1. ¿Qué haces los domingos?
   _____

2. ¿Con qué frecuencia practicas deportes?
   _____

3. ¿Te gusta salir al cine con amigos?
   _____

4. ¿Qué te gusta hacer cuando hace buen tiempo?
   _____

5. ¿Tú trabajas todos los días?
   _____

16 Use one expression from the left column to tell where you are going to go. Then use an expression from the right column to say what you are going to do.

MODELO **Voy al colegio. Voy a estudiar.**

el parque	fútbol
la piscina	piano
el entrenamiento	tenis
el gimnasio	bailar
las fiestas	nadar
los ensayos	hacer ejercicio

1. _____
2. _____
3. _____
4. _____
5. _____
6. _____

Holt Spanish 1A
Cuaderno de actividades

Nombre _____ Clase _____ Fecha _____

CAPÍTULO 3

VOCABULARIO 2/GRAMÁTICA 2

17 Mélida is explaining to her mom what she and her classmates like to do after school. Complete her sentences with the correct forms of **jugar** or **ir**.

Después de clases los muchachos siempre (1)_____ (jugar) al fútbol. Mis amigas y yo (2)_____ (jugar) al tenis. Yo siempre (3)_____ (jugar) pero a Beatriz no le gusta el tenis. Ella nunca (4)_____ (jugar). A ella le gusta salir con amigas. A veces Beatriz (5)_____ (ir) al centro comercial con Raquel. Ellas también (6)_____ (ir) a la reunión del club de español. Yo casi siempre (7)_____ (ir) a la reunión del club, pero a veces Megan y yo (8)_____ (ir) al parque.

18 Answer the following questions using subject pronouns for emphasis.

MODELO ¿Alicia y tú juegan al tenis? **Ella siempre juega. Yo no juego.**

1. ¿Van ustedes al gimnasio?
   _____

2. ¿Pedro y tú juegan al fútbol?
   _____

3. ¿José y Camilo van al entrenamiento todos los días?
   _____

4. ¿Adónde van tú y Olga?
   _____

5. ¿Vas a patinar?
   _____

6. ¿Édgar juega al tenis?
   _____

19 Write complete sentences to say on what day of the week you go or don't go to the following places. Use the **modelo** as a guide.

MODELO el trabajo **Yo voy al trabajo los lunes.**

1. el cine _____
2. la playa _____
3. el entrenamiento _____
4. el parque _____

Holt Spanish 1A
Cuaderno de actividades

Nombre _____ Clase _____ Fecha _____

¿Qué te gusta hacer?

CAPÍTULO 3
LEAMOS

20 The Spanish teacher asked Viviana to tell the class about herself. Read her introduction, then write **cierto** or **falso** for each of the statements that follow, based on what you understood about Viviana.

Buenos días. Me llamo Viviana Allende y soy de Perú. Soy alta y atlética y muy trabajadora. Me gusta mucho hacer ejercicio y jugar al básquetbol y al volibol. No me gustan mucho los juegos de mesa. Después de clases, cuando hace buen tiempo, voy con mi amiga Cleo al centro comercial. A veces vamos al cine pero casi siempre vamos de compras. Es muy divertido. Los fines de semana, cuando hace calor, casi siempre voy a la playa porque me gusta mucho nadar. Cuando hace frío, no voy a ninguna parte. Me gusta leer revistas y novelas. Pero me gusta más alquilar videos con mis amigos y amigas. ¿A quién le gusta pasar el rato solo?

_____ 1. Viviana es baja.

_____ 2. A Viviana le gustan los juegos de mesa.

_____ 3. Cuando hace sol, a Viviana le gusta ir al centro comercial.

_____ 4. A Viviana y a Cleo no les gusta ir de compras porque es aburrido.

_____ 5. Cuando hace calor, Viviana va a nadar.

_____ 6. Cuando hace frío, Viviana no quiere salir.

_____ 7. Viviana siempre quiere pasar el rato sola.

21 You got the following flyer from Esteban. Write him a note telling him why you want to take part in the club. Ask him for any additional information you need to get to the meeting.

Club de música
Música popular, clásica, jazz y folclórica
Reuniones a las 3:30

¿Te gusta escuchar buena música? ¿Quieres aprender de *(learn about)* música? ¿Quieres bailar, cantar o tocar el piano? Ven *(Come)* al club de música. Escuchamos muchos tipos de música y pasamos un rato muy divertido. ¡Nos vemos!

_____
_____
_____
_____
_____

Holt Spanish 1A — Cuaderno de actividades

Nombre _____ Clase _____ Fecha _____

CAPÍTULO **3**

¿Qué te gusta hacer?

INTEGRACIÓN

22 Look at the pictures below. Then say what the weather is like and give a logical date and time of day for each picture. The first one has been done for you.

1 2 3 4

1. Llueve. Es el diez de mayo. Son las cuatro de la tarde.
2. _____
3. _____
4. _____

23 Match the description each student gives (on the left) with the things he or she wants to do this weekend (on the right). Use each answer only once.

____ 1. Yo soy un poco perezoso. No soy muy atlético y me gusta pasar el rato solo.

____ 2. Yo soy bastante atlético. No me gustan las películas porque son aburridas pero el ejercicio es formidable.

____ 3. Yo soy pelirroja y muy activa. Me gusta ir de compras y salir con amigos.

____ 4. Yo soy un poco intelectual. Me gustan los libros y la música clásica. No me gusta el cine.

a. El sábado quiero ir al gimnasio y el domingo quiero montar en bicicleta.

b. El sábado por la noche voy a leer y el domingo quiero tocar el piano.

c. El viernes yo no voy a ninguna parte. Quiero ver televisión y descansar.

d. Quiero ir a pasear con Aura y José. Si llueve, quiero ir al centro comercial.

Holt Spanish 1A Cuaderno de actividades

Nombre _____ Clase _____ Fecha _____

CAPÍTULO 3

INTEGRACIÓN

24 Your friend is telling you about a new student at school. Write the question that you ask for each of the answers your friend gives you.

1. _____
   Sonia es de Nicaragua.

2. _____
   Es inteligente y graciosa.

3. _____
   Es sonia123@correo.com.

4. _____
   A ella le gusta nadar y patinar.

5. _____
   Con sus amigas.

25 Write a conversation between two friends who are greeting each other. They talk about the types of movies they like and don't like and give their reasons. Then they decide to go to the movies on a certain day. After exchanging phone numbers, the friends say good-bye.

_____
_____
_____
_____
_____
_____
_____
_____
_____
_____
_____
_____
_____
_____

Holt Spanish 1A   Cuaderno de actividades

Nombre _____ Clase _____ Fecha _____

La vida escolar

CAPÍTULO 4

VOCABULARIO 1/GRAMÁTICA 1

1 Look at the picture of Javier's messy room and name in Spanish any school supplies you see there.

1. _____
2. _____
3. _____
4. _____
5. _____
6. _____
7. _____

2 Tanya and her father are going to buy some school supplies. Match each question Tanya's father asks with a logical response she might give. Use each letter once.

_____ 1. Tanya, ¿necesitas algo para el colegio?
_____ 2. ¿Necesitas un reloj?
_____ 3. ¿Cuánto papel necesitas?
_____ 4. ¿Cuántas carpetas tienes?
_____ 5. ¿Necesitas lápices?
_____ 6. ¿Tienes calculadora?

a. No, tengo un montón.
b. Sí, necesito uno.
c. Tengo pocas.
d. Necesito poco.
e. Sí, necesito muchas cosas.
f. No, no tengo.

3 Marina and Antonio are talking about next week's exams. Complete their conversation with the correct expressions that use the verb **tener**.

Marina ¡Uf! Antonio, (1)_____ un examen el martes.

Antonio Sí, (2)_____ estudiar mucho.

Marina Yo no (3)_____ de estudiar hoy.

Antonio ¿No? ¿Qué quieres hacer?

Marina Ni idea. Norma y yo (4)_____ una reunión del club de francés a las cinco.

Antonio Oye, yo quiero comer algo. (5)_____.

Marina Y yo (6)_____. Quiero tomar *(to drink)* algo.

Antonio Pero *(but)* son las cinco menos diez.

Marina ¡Ay no, la reunión! Adiós, Antonio. ¡(7)_____!

Holt Spanish 1A Cuaderno de actividades

Nombre _____ Clase _____ Fecha _____

VOCABULARIO 1/GRAMÁTICA 1

4 Below is a list of Michael's school supplies. Ask him how much or how many of each item he has. Then write his answer, saying whether he has a lot or a little.

MODELO —¿Cuántas reglas tienes?
—Tengo muchas reglas.

| 6 reglas | 12 lápices | 2 carpetas | 3 cajas *(boxes)* de papel |

1. _____

2. _____

3. _____

5 Solve the following crossword puzzle by writing the Spanish words that are described in the clues below. Use unaccented capital letters.

HORIZONTAL
1. You'll need plenty of this in art class.
4. A foreign language
6. A writing instrument
8. In this class you learn by doing experiments.
9. This is very useful in math class.

VERTICAL
2. Be sure to keep it sharp.
3. Helps you to be on time for class
5. Good for carrying school supplies
7. A good place to take notes

Holt Spanish 1A   Cuaderno de actividades

Nombre _____ Clase _____ Fecha _____

CAPÍTULO 4

VOCABULARIO 1/GRAMÁTICA 1

6 Write down the name of each object in Dana's backpack in Spanish. Remember to use the indefinite article for each item. The first one has been done for you.

   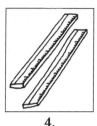 
1.   2.   3.   4.   5.

"Hmm, tengo (1) __un diccionario__ para la clase de español y

(2) _____ para la clase de historia. También tengo

(3) _____ y tengo (4) _____

para matemáticas. ¡Y también tengo (5) _____!"

7 Néstor and his friends all have different schedules. Use the verb **venir** to say at what time they each come to their different classes. Use the **modelo** as a guide.

MODELO (Enrique/3:00) **Enrique viene a la clase de ciencias a las tres.**

1. (tú y Juan/1:00) _____
2. (yo/3:00) _____
3. (nosotros/4:00) _____
4. (Rosa/3:15) _____

8 Answer the following questions using complete sentences.

1. ¿Tienes arte por la tarde? _____

2. ¿Cuál es tu materia preferida? _____

3. ¿Qué clases tienes por la mañana? _____

4. ¿Qué clases tienes después del almuerzo? _____

5. ¿Te gusta la clase de matemáticas? ¿Por qué? _____

6. ¿A qué hora tienes la clase de inglés? _____

Holt Spanish 1A   Cuaderno de actividades

Nombre _____ Clase _____ Fecha _____

La vida escolar

CAPÍTULO 4
CULTURA

9 Imagine that you are an exchange student in Costa Rica. Answer the following questions based on your experiences.

1. Can your classmates take elective courses during their first three years?
   _____

2. If you failed a course, when would you make it up? _____

3. When will your school year in Costa Rica end? _____

4. If you are in **turno matutino,** at what time of day do you have classes?
   _____

5. What must your Costa Rican classmates do during their third year of high school before they can go on with their studies?
   _____

10 Your biology teacher is reading the following statements. He wants you to tell him whether they are **cierto** *(true)* or **falso** *(false)*.

_____ 1. The **quetzal** is a tropical bird famous for its green feathers.

_____ 2. The **mono congo** is a typical Costa Rican parrot.

_____ 3. A traditional Costa Rican dish is meat and vegetable stew.

_____ 4. The **perezoso de tres dedos** is the fastest land animal in Costa Rica.

_____ 5. **El Día del Boyero** is a feast to honor Costa Rica's musicians.

11 Would you recommend Costa Rica to a friend who likes nature and the outdoors? Why? Write a paragraph in English stating three places that your friend might like to visit and describe what there is to see or do there.

_____
_____
_____
_____
_____
_____
_____
_____
_____

Holt Spanish 1A Cuaderno de actividades

Nombre _____ Clase _____ Fecha _____

La vida escolar

CAPÍTULO 4

VOCABULARIO 2/GRAMÁTICA 2

12 All the students below are about to do something in school. Complete the sentences by saying what each of them is going to do and where they will do it. Use **ir a** + an infinitive.

1.

2.

3.

4.

1. Néstor _____

2. Las muchachas _____

3. Ustedes _____

4. Nosotros _____

13 Read Paula's note to her pen pal in Mexico about what she does on the weekends. Then supply the conjugated verbs that are missing. Find the verbs in the box below.

poner	salir	descansar	escribir	leer
saber	traer	ver	hacer	

El viernes (1)_____ de la escuela temprano. Primero

(2)_____ y luego (3)_____ la tarea.

Por la noche (4)_____ una película con mis amigos o

(5)_____ un libro. A veces tenemos hambre. Entonces

yo (6)_____ una pizza. A veces estoy un poco aburrida

(bored) y no (7)_____ qué hacer. Entonces llamo a una

amiga o (8)_____ música o (9)_____

cartas a mis amigos.

Holt Spanish 1A — Cuaderno de actividades

Nombre _____ Clase _____ Fecha _____

CAPÍTULO 4

VOCABULARIO 2/GRAMÁTICA 2

14 Luis and José are running late today. Complete their conversation below by filling in the missing words.

Luis (1) ¿_____ a la reunión del club de español en la biblioteca?

José Sí. ¿A qué hora (2)_____ la biblioteca?

Luis A las dos. Y la reunión (3)_____ a las dos y cuarto.

José Son las dos y doce. No vamos a (4)_____ a tiempo.

Luis ¡Ay! Yo siempre (5)_____ de mi casa muy tarde.

José Cuando llegamos tarde, (6)_____ la reunión.

15 It's Monday, and Patricia is looking at her schedule for the week. Answer the questions below in complete sentences using the words in the box. Use each phrase only once.

lunes 6	martes 7	miércoles 8	jueves 9	viernes 10	sábado 11
clase de baile	examen de álgebra	partido de básquetbol	a.m. estudiar, p.m. concierto, 8 p.m.	examen de historia	fiesta de Arturo

noche	fin de semana	mañana	pasado mañana	próximo

1. ¿Cuándo es la fiesta de Arturo? _____

2. ¿Cuándo va a ir al concierto? _____

3. ¿Cuándo es el examen de historia? _____

4. ¿Cuándo es el examen de álgebra? _____

5. ¿Cuándo va a ir al partido de básquetbol? _____

Holt Spanish 1A   Cuaderno de actividades

Nombre _____ Clase _____ Fecha _____

CAPÍTULO 4

VOCABULARIO 2/GRAMÁTICA 2

16 Manolo wants to do something, but his friend Chuy can't seem to make up his mind. Complete their conversation with the appropriate expressions from the box. Use each phrase only once.

| no sé | qué tal si | tengo que | vas a ir, ¿verdad? | claro que sí |
| ganas | no voy a ir | vas a ir | vas a hacer | vienes conmigo |

1. ¿Qué _____ hoy?
2. _____ .
3. Hay un concierto por la noche. _____
4. No, _____ . Tengo que estudiar.
5. ¿_____ al partido de fútbol?
6. ¿Sabes qué? No tengo _____ .
7. _____ a la reunión del club de francés, ¿no?
8. No sé. _____ estudiar.
9. ¿_____ vamos a la cafetería?
10. _____ . Tengo mucha hambre.

17 Write something that you are going to do and something that you are not going to do on the following days. Use the **modelo** to get started.

MODELO Esta semana **Esta semana voy a ir al concierto.
No voy a presentar un examen.**

1. esta noche _____

2. mañana _____

3. pasado mañana _____

4. este fin de semana _____

5. la próxima semana _____

Holt Spanish 1A   Cuaderno de actividades

La vida escolar

CAPÍTULO 4 LEAMOS

18 Read the following poem about why a girl needs her watch at school. Then answer the questions below.

No tengo reloj

Yo soy muy trabajadora,
pero en el colegio no voy a saber la hora.
Necesito un reloj para la reunión,
y para llegar a tiempo a computación.

Tengo clases toda la semana,
y si no sé la hora mañana,
¡voy a ir a la cafetería
a la hora de biología!

A las ocho tengo que venir.
¿Pero cómo voy a saber la hora de salir?
Necesito un reloj, ¿no ves?
¡Tengo que saber cuando son las tres!

1. What does the girl need for school?

2. What class does she need to be on time for?

3. What is she afraid will happen tomorrow when it's time for biology class?

4. What time must the student be at school in the morning?

5. Why do you think she wants to know when it's 3:00 P.M.?

Nombre _____ Clase _____ Fecha _____

La vida escolar

CAPÍTULO 4
INTEGRACIÓN

19 Some students are talking about themselves and the things they like to do. Match each student described on the left to a student with similar interests on the right.

_____ 1. Los fines de semana voy a la piscina y después voy al gimnasio. Me gustan mucho las fiestas.

_____ 2. Me gustan las ciencias. Estudio mucho y siempre voy a la biblioteca. ¡Los libros son formidables!

_____ 3. Los fines de semana salgo a comer pizza o pasta con mis amigos. Tengo un montón de videos.

_____ 4. No soy muy activo. Me gusta navegar por Internet y también ir al centro comercial.

a. Me gusta el colegio. Leo mucho. Mis materias preferidas son la biología y la química.

b. Mi materia preferida es la computación. Me gusta ir de compras. Casi nunca hago ejercicio.

c. Me gusta nadar y practicar deportes. También escucho música y bailo con mis amigos.

d. Veo películas de terror, de misterio, de aventuras y de amor. Me gusta la comida italiana.

20 Read the following statements about Julio's life as an exchange student in Argentina. Then rewrite each sentence so that it is true for you.

MODELO Julio es de Cuba y tiene diecinueve años.
Yo soy de Texas y tengo trece años.

1. En diciembre Julio nada y juega al fútbol. _____
_____

2. A Julio le gustan las matemáticas, pero no le gusta la historia. _____
_____

3. Julio sale del colegio a las dos y media. _____
_____

4. Julio tiene nueve materias. _____
_____

5. Julio va a la piscina a nadar todos los días. _____
_____

Holt Spanish 1A   Cuaderno de actividades

Nombre _____ Clase _____ Fecha _____

CAPÍTULO 4

INTEGRACIÓN

21 Fill in the blanks to complete the following entry from Rhonda's diary. Be sure to use the correct verb forms when appropriate.

Diario

Lunes

Hoy quiero ir al (1)_____ comercial. Necesito unos
(2)_____ para la clase de (3)_____
física y unos (4)_____ para arte. Pero no
voy a (5)_____ esta tarde porque hace mal
(6)_____. Voy a navegar por (7)_____
y después voy a (8)_____ unas cartas. Luego, voy
a (9)_____ una revista.

22 Write a brief conversation for each picture, consisting of a question and a response. The first one has been done for you.

1.

2.

3.

4.

5.

6.

1. ¿Vienes conmigo al parque hoy? Claro que sí.
2. _____
3. _____
4. _____
5. _____
6. _____

Nombre _____ Clase _____ Fecha _____

En casa con la familia

CAPÍTULO 5

VOCABULARIO 1/GRAMÁTICA 1

1 Look at the groups of words below. After each group, write the word that does not belong with the others.

MODELO gato perro lentes   **lentes**

1. tíos   azules   sobrinos   _____
2. merendar almorzar escribir   _____
3. madre   lentes   abuela   _____
4. ciego   sordo   pelo   _____
5. menor   castaño   mayor   _____
6. primas   gordas   delgadas   _____
7. verde   negro   nieto   _____

2 Solve the following crossword puzzle. The first answer has been given.

HORIZONTAL
3. Es la hija de mi hermano.
5. Somos siete ___ en la familia.
7. Mis padres, mis abuelos, mis hermanos y yo somos una.
8. No oye (hears) nada.
9. No ve nada.

VERTICAL
1. Mi papá no habla mucho. Es...
2. El pelo de mi abuelo.
4. Es la hermana de mi papá.
5. Es el hijo de mis tíos.
6. Es el padre de mi madre.

Holt Spanish 1A

Nombre _____ Clase _____ Fecha _____

CAPÍTULO 5

VOCABULARIO 1/GRAMÁTICA 1

3 Ana wants to find a shorter way to say how people are related to one another. Help her out by rewriting these expressions using the correct possessive adjective.

MODELO el hijo de Juan **su hijo**

1. los padres de nosotros _____
2. la abuela de mis primas _____
3. los hermanos de tu madre _____
4. la hija de mis padres _____
5. los tíos de mi padre _____

4 Use the words in the box to complete Paco's e-mail to a friend about his upcoming visit to San Antonio.

vieja	mayor	nietos	silla de ruedas	menores
persona	canoso	verdes	almuerza	todos

¡Hola, Mario! Voy a visitar a **(1)**_____ mis tíos en San Antonio. Mi tío Julio está en una **(2)**_____ pero es muy activo. Enrique, su hijo, es mi primo **(3)**_____. Él **(4)**_____ con mis primos **(5)**_____. Mi tía Marta es una **(6)**_____ muy simpática y mi abuela Josefa es **(7)**_____ pero muy divertida. Tiene los ojos **(8)**_____ y el pelo **(9)**_____. Le gusta ver a sus **(10)**_____. ¡Voy a pasar un buen rato! Hasta luego.
Paco

5 Read the clues below. Then solve the riddles to tell how the following people are related to Adela.

MODELO Soy la hija de los abuelos de Adela. **Soy su madre. / Soy su tía.**

1. Somos los hijos del padre de Adela. _____
2. Yo soy la madre de la mamá de Adela. _____
3. Somos los padres de los hermanos de Adela. _____
4. Yo soy la hija de los papás de Adela. _____
5. Soy el hijo de la abuela de Adela. _____
6. Soy la hija de la tía de Adela. _____

Holt Spanish 1A
Cuaderno de actividades

Nombre _____ Clase _____ Fecha _____

VOCABULARIO 1/GRAMÁTICA 1

CAPÍTULO 5

6 Carmen brought pictures of her Chilean family to show her friend, Tomás. Write a question from Tomás for each answer Carmen gives.

1. —_____
   —En mi familia somos cinco: mi madre, mi abuela, dos hermanos y yo.

2. —_____
   —Ella es bastante vieja y no ve muy bien.

3. —_____
   —Sí, porque ella no ve bien.

4. —_____
   —Mis hermanos son muy delgados, pero comen mucho.

5. —_____
   —Sí, merendamos todos los días.

6. —_____
   —Almorzamos a la una de la tarde.

7. —_____
   —Sí, dormimos hasta las nueve y media los domingos.

7 Write an additional sentence that is a logical conclusion to each sentence below. Use the information given in parentheses.

MODELO Mis padres son jóvenes. (tener nietos) **No tienen nietos.**

1. Mi abuela es muy vieja. (sorda)
   _____

2. Mis primos siempre tienen mucha hambre por la mañana. (almorzar)
   _____

3. A mi tía no le gusta volver a casa tarde. (temprano)
   _____

4. A mí me gusta arreglar mi cuarto temprano. (empezar)
   _____

5. Mi abuelo no camina *(walk)*. (silla de ruedas)
   _____

6. Mi perro no es bueno. (travieso)
   _____

Holt Spanish 1A Cuaderno de actividades

Nombre _____ Clase _____ Fecha _____

En casa con la familia

CAPÍTULO 5
CULTURA

8 Choose the correct answer to the questions below about Chile.

____ 1. **La fiesta de La Tirana** is ___.
  a. an Amazon River fish   b. a colorful Chilean celebration

____ 2. Houses in southern Chile show the influence of ___.
  a. Amazonian culture   b. British and German immigrants

____ 3. A **pastel de choclo** is a Chilean dish made of ___.
  a. corn and meat   b. chocolate

____ 4. Pablo Neruda and Gabriela Mistral were two famous Chilean ___.
  a. Nobel Prize winners   b. painters

____ 5. Some homes in the Amazon basin are built on stilts to protect against ___.
  a. strong winds   b. high water

9 Answer the following questions about family life in Spanish-speaking countries.

1. If your name is Juan Flórez Pérez, what is your mother's maiden name?
   _____

2. Where do grandparents and older aunts often live?
   _____

3. In most Latin American countries, do people go by their mother's or father's last name?
   _____

4. Who generally holds a place of honor in Spanish-speaking families?
   _____

10 Imagine your extended family lives in Chile. Write a paragraph describing a Sunday gathering at your grandparents' country house. Tell what relatives are there and mention two typical Chilean dishes prepared for the occasion.

_____
_____
_____
_____
_____
_____
_____
_____

Holt Spanish 1A   Cuaderno de actividades

Nombre _____ Clase _____ Fecha _____

En casa con la familia

VOCABULARIO 2/GRAMÁTICA 2

11 Marta, a real estate agent, is trying to find the right home for her clients. Match each client's needs (in the left column) with an appropriate location (in the right column). Use each answer only once.

_____ 1. Me gusta ir al cine, salir a comer y también ir de compras. No tengo un carro.

_____ 2. Quiero tener un jardín con plantas pero también me gusta ir a la ciudad.

_____ 3. Me gusta vivir en un edificio grande. No me gusta cortar el césped.

_____ 4. Me gusta pasear en un jardín grande lejos de la ciudad, y tener muchos animales.

_____ 5. Me gustan las ciudades muy pequeñas.

a. el pueblo
b. las afueras
c. la ciudad
d. el campo
e. un apartamento

12 Complete the following sentences by writing the word for the appropriate room or part of a room.

MODELO Yo hago la tarea en **la habitación**.

1. A mi tío le gusta ver televisión en _____.
2. Mi abuela hace la comida en _____.
3. Me lavo la cara *(face)* en _____.
4. Todos los días hago la cama en _____.
5. Vemos el jardín porque la sala tiene una _____.
6. Cuando quiero salir, tengo que abrir _____.

13 Today is moving day at the Martínez house. Help Luis direct the movers by answering their questions.

MODELO ¿Qué ponemos en la sala? **la mesa**
¿Dónde ponemos el escritorio de estudiante? **en la habitación**

1. ¿Qué pongo en el patio? _____
2. ¿Dónde ponemos las cuatro sillas? _____
3. ¿Qué más pongo en la sala? _____
4. ¿Qué ponemos en la habitación? _____
5. ¿Dónde ponemos la bicicleta? _____
6. ¿Qué ponemos en la cocina? _____

Holt Spanish 1A   Cuaderno de actividades

VOCABULARIO 2/GRAMÁTICA 2

CAPÍTULO 5

14 You are in charge today. Assign a different chore to each member of your family. Then write what each person thinks of his or her chore.

MODELO tú Te toca limpiar el baño. Te parece fácil.

1. yo _____
2. mi hermano y yo _____
3. mis hermanas _____
4. Lía y Marta _____
5. Martín _____
6. Julio y tú _____

15 Look at the following pictures. Then supply the missing words in each sentence to tell where everything is located. The first one has been done for you.

1. El perro y el gato están ___lejos de las___ personas.
2. El gato está _____ perro.

3. Los libros están _____ cuadernos.
4. Los libros están _____ escritorio.
5. El escritorio está _____ libros.

6. La silla está _____ escritorio.
7. El escritorio está _____ silla.

Nombre _____ Clase _____ Fecha _____

CAPÍTULO 5

VOCABULARIO 2/GRAMÁTICA 2

16 Read each statement and question. Then write an appropriate reply using one of the expressions from the box. Make sure you use each expression at least once. Some words may be used more than once.

| nada | nadie | tampoco | nunca | siempre | a menudo |

MODELO No me gusta hacer la cama. ¿Y a ti? **A mí tampoco me gusta.**

1. Mis primos comen en el patio. ¿Y en tu familia?
   _____

2. A Carlos siempre le toca lavar los platos. ¿Y a ti?
   _____

3. Yo cuido a mis hermanos. ¿Y tú? _____

4. No quiero comer. ¿Y tú? _____

5. Los fines de semana tengo que cortar el césped. ¿Y tú?
   _____

6. A Susie le toca limpiar el apartamento. ¿Y a ti?
   _____

7. A mí todo me parece difícil ¿Y a ti? _____

17 You are spending a year in Chile and your new friends want to know all about your family life in the U.S. Answer all their questions below in Spanish.

1. ¿Cuántas personas hay en tu familia?
   _____

2. ¿Ustedes tienen animales en la casa?
   _____

3. ¿Dónde viven ustedes?
   _____

4. ¿Cómo es tu casa?
   _____

5. ¿Tienes que ayudar en casa? ¿Qué te toca hacer a ti?
   _____
   _____

6. ¿A ustedes les gusta cocinar hamburguesas en el patio?
   _____

Holt Spanish 1A   Cuaderno de actividades

En casa con la familia

CAPÍTULO 5 LEAMOS

18 Tony has a new baby sister and a dog. Read the story below and answer the questions that follow in Spanish.

Tony vive en una casa grande cerca de la playa. Ya *(Now)* son cuatro en su familia: los padres, Tony y una hermanita nueva *(new)* que se llama Lourdes. Lourdes es muy pequeña. Tiene el pelo negro y los ojos verdes. Duerme todo el día y come por la noche. Mamá no duerme mucho pero está muy feliz *(happy)*.

Ahora *(now)* Tony tiene que ayudar más en la casa. Por la mañana le toca arreglar el jardín. Después de comer, tiene que limpiar la mesa del comedor y sacar la basura. Casi nunca juega con su perro Hércules porque tiene muchos quehaceres.

Hoy a Tony le toca cuidar a Lourdes porque sus padres no están en la casa. A él le parece muy divertido pero a Hércules no le parece bien. Él quiere salir con Tony.

Cuando regresan papá y mamá, Tony abre la puerta. El perro entra en *(enters)* la habitación y ve a Lourdes. ¡Quiere jugar con ella! «Ay, no», dice *(says)* Tony. «¡Tú no vas a jugar con Lourdes! Ven *(Come)*, Hércules. ¡No más quehaceres hoy! ¡Tú y yo vamos a la playa!»

1. ¿Dónde está la casa de Tony?

2. ¿Cómo es la hermana de Tony?

3. ¿Cuántos son en la familia de Tony?

4. ¿Qué hace Tony para ayudar en la casa?

5. ¿Quién es Hércules?

6. ¿Por qué abre Tony la puerta?

7. ¿Qué quiere hacer Hércules con la hermanita de Tony?

8. ¿Qué va a hacer Tony?

Nombre _____ Clase _____ Fecha _____

En casa con la familia

CAPÍTULO 5

INTEGRACIÓN

19 Where would you be most likely to find the following items?

___ 1. un reloj
   a. la silla   b. la puerta   c. la mesa

___ 2. un libro de ciencias
   a. el garaje   b. el escritorio   c. el cine

___ 3. una piscina
   a. el centro comercial   b. el auditorio   c. el gimnasio

___ 4. unas frutas
   a. el comedor   b. la iglesia   c. la carpeta

___ 5. un cuaderno
   a. la mochila   b. la bicicleta   c. el baño

___ 6. un videojuego
   a. la playa   b. la sala   c. el colegio

20 Answer the following questions about yourself in Spanish.

1. ¿Cuál es tu dirección?
   _____

2. ¿Cómo eres?
   _____

3. ¿Dónde vives?
   _____

4. ¿Te gusta más practicar deportes o navegar por Internet?
   _____

5. ¿Cómo te parece la comida mexicana?
   _____

6. ¿Qué haces los fines de semana?
   _____

7. ¿Con qué frecuencia vas al cine?
   _____

8. ¿Te gusta el colegio?
   _____

Holt Spanish 1A

Cuaderno de actividades

Nombre _____ Clase _____ Fecha _____

CAPÍTULO 5

INTEGRACIÓN

21 Adrián is spending a year as an exchange student in Chile. Read the following letter to his sister. Then say whether the statements below are **cierto** *(true)* or **falso** *(false)*.

Hola, Juana. ¡Me gusta mucho Chile! Vivo en las afueras de Santiago. En la familia son cuatro: Sebastián, que tiene quince años y es muy simpático, su padre que es profesor, su madre que es pianista y su hermano menor. También hay dos gatos muy traviesos. Corren por la casa y duermen encima de la cama de Sebastián. Por la mañana vamos al colegio en autobús *(bus)*. Tenemos clases interesantes y los profesores son muy buenos. A mí me gusta el colegio pero me gusta más salir por la tarde con mis amigos chilenos. A veces jugamos al fútbol o nadamos. Cuando hace mal tiempo vamos a la casa de un muchacho y alquilamos videos. Bueno, tengo pocas ganas de estudiar hoy pero me toca hacer la tarea. ¡Hasta pronto!

_____ 1. Adrián vive en la ciudad.

_____ 2. Sebastián es el hermano mayor.

_____ 3. Los gatos duermen en la habitación de Sebastián.

_____ 4. Los profesores de Adrián son pésimos.

_____ 5. A Adrián le parece aburrido salir con los amigos chilenos.

_____ 6. Cuando llueve, Adrián y sus amigos nadan.

_____ 7. Después de escribir la carta, Adrián va a hacer la tarea.

22 Write a paragraph in Spanish describing your schedule for a typical weekday. Include what time you get up, when you go to school, your classes, and an after-school activity. Mention also your household chores and what you do after dinner. Then, give your opinion of your school and your chores.

_____
_____
_____
_____
_____
_____
_____
_____
_____

¡Invéntate!

Nombre _____ Clase _____ Fecha _____

¡Invéntate!

CAPÍTULO 1

¡EMPECEMOS!

1. CREATE A CHARACTER

In this activity you will create an identity for yourself to use throughout the **¡Invéntate!** section of this workbook. Think who you would like this character to be: your real self, another person you like or admire, or someone fictional. Now, imagine that you are this person. Write a paragraph in Spanish to introduce yourself. Be sure to include your name, age, nationality, country and city where you live.

_____
_____
_____
_____
_____
_____
_____
_____
_____
_____
_____
_____
_____
_____
_____
_____
_____
_____
_____

Holt Spanish 1A   Cuaderno de actividades

Nombre _____ Clase _____ Fecha _____

CAPÍTULO 1

¡INVÉNTATE!

2. MAKE A COMIC STRIP

Think of a situation where you would make introductions. Cut out photos from magazines or draw pictures to represent either yourself or a person you're pretending to be and other people. Use the boxes below to create a comic strip where the characters introduce themselves and give some personal information such as telephone number, or e-mail addresses. You may add additional boxes.

Holt Spanish 1A

Cuaderno de actividades

Nombre _____ Clase _____ Fecha _____

¡Invéntate!

CAPÍTULO 2

A CONOCERNOS

1. MAKE A CHARACTER WEB

In the last chapter, you created a character to write about. Think about your character's physical and personality traits. Use the space below to make a character web. In the center of the web, draw or paste a picture of your character. In the outer circles, include words and phrases to describe him or her. Add more circles as needed.

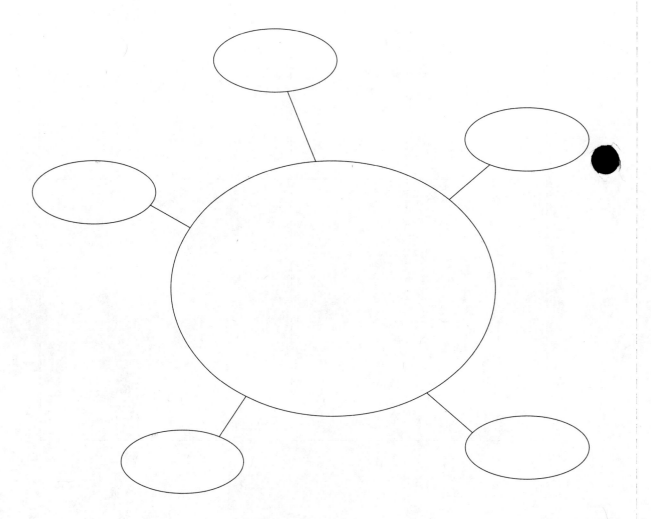

Holt Spanish 1A   Cuaderno de actividades

Nombre _____ Clase _____ Fecha _____

CAPÍTULO 2

¡INVÉNTATE!

2. AN INTERNATIONAL EXCHANGE

Use your imaginary identity or your real one to write about the following situation. You have been accepted as an exchange student in another country. You will stay with a family there for a year, but they don't know anything about you! Write a letter to your exchange family telling them about your likes and dislikes, such as food, sports, movies, books, and so on. Ask about your host family's likes and dislikes as well.

Holt Spanish 1A

Cuaderno de actividades

Nombre _____ Clase _____ Fecha _____

¡Invéntate!

CAPÍTULO 3

¿QUÉ TE GUSTA HACER?

1. WRITE A PLAY

Use your imaginary identity or your real one and work with two other classmates to write a short play about yourselves. Your three characters will discuss things you like and don't like to do according to the personalities you've created. Write the script on a computer and print one copy for each person. After rehearsing your parts, present your play to the class.

Nombre _____ Clase _____ Fecha _____

CAPÍTULO 3

¡INVÉNTATE!

2. A LONG WEEKEND

Finally, your character has a four-day weekend coming up! There are lots of things to do, and you don't want to miss out on any of them, so plan your time. Find four pictures in magazines showing fun things you want to do. Cut and paste each picture below to make a calendar of the weekend. Then, describe each day's activities below the pictures.

Holt Spanish 1A   Cuaderno de actividades

Nombre _____ Clase _____ Fecha _____

¡Invéntate!

CAPÍTULO 4

LA VIDA ESCOLAR

1. TOO MANY SCHOOL SUPPLIES!

Use your imaginary identity or your real one to complete the following project. You went shopping for school supplies, but you bought too many. Now you'd like to sell your extra supplies to other students. Make a flier with pictures of the supplies you'd like to sell. Be sure to label each item, tell how many you have of each, and indicate which classes each might be used for.

Nombre _____ Clase _____ Fecha _____

CAPÍTULO 4

¡INVÉNTATE!

2. WRITE A LETTER

Use your imaginary identity or your real one to write a letter from your character to your Spanish teacher. Describe your weekly activities including classes, after-school activities, and weekend plans. Then put the letter in an envelope and mail it to your teacher at school. Your teacher will get all the letters and read them to the class. Try to guess whose letter is being read!

Nombre _____ Clase _____ Fecha _____

¡Invéntate!

CAPÍTULO 5

EN CASA CON LA FAMILIA

1. CREATE A FAMILY TREE

Use your imaginary identity or your own to draw your character's family tree in the space below. Include close relatives, such as parents, grandparents, sisters, brothers, aunts, uncles, and cousins. For each family member, draw or paste a magazine picture and include a caption indicating the person's name, relationship to you, and at least one physical trait.

Holt Spanish 1A   Cuaderno de actividades

Nombre _____ Clase _____ Fecha _____

CAPÍTULO 5

¡INVÉNTATE!

2. DRAW A BLUEPRINT

Use your imaginary identity or your real one to describe your character's house. What is the house like? In the space below, draw a "floor plan" of the house. Include all the rooms and any outside areas, such as a patio or garden. Indicate the furniture in each room by drawing and labeling each piece. Next to each room, state the chore that has to be done there, and tell who is responsible for doing it.

Holt Spanish 1A   Cuaderno de actividades